कविताएँ

एक दिन लौटेगी लड़की

लेखक की कृतियाँ

कविता-संग्रह

एक दिन लौटेगी लड़की (1989)
अँधेरे में बुद्ध (1996)
यह आकांक्षा समय नहीं (1998)
थपक थपक दिल थपक थपक (2003)
मैं जब तक आई बाहर (2018)
प्रतिनिधि कविताएँ (2023)

यात्रा-वृत्तान्त

अवाक् (2008)

स्मृति-आख्यान

दिल्ली में उनींदे (2000)
इत्यादि (2019)

साहित्यिक निबन्ध

देह की मुँडेर पर तथा अन्य निबन्ध (2019)

अनुवाद-सम्पादन

जंगल में झील जागती : हरिभजन सिंह की प्रतिनिधि कविताएँ (1989)
देवदूत की बजाय कुछ भी : ज़्बीग्निएव हेबैर्त की कविताएँ (2022)
तेजस्विनी : अक्का महादेवी के वचन (2023)

एक दिन लौटेगी लड़की

गगन गिल

राजकमल पेपरबैक्स

पहला **राजकमल** संस्करण 1989 में प्रकाशित

राजकमल पेपरबैक्स में
पहला संस्करण : जुलाई, 2024

राजकमल पेपरबैक्स : उत्कृष्ट साहित्य के जनसुलभ संस्करण

राजकमल प्रकाशन प्रा. लि.
1-बी, नेताजी सुभाष मार्ग, दरियागंज
नई दिल्ली-110 002
द्वारा प्रकाशित

शाखाएँ : अशोक राजपथ, साइंस कॉलेज के सामने, पटना-800 006
पहली मंजिल, दरबारी बिल्डिंग, महात्मा गांधी मार्ग, प्रयागराज-211 001
1, अनमोल सोराबजी सन्तुक लेन, मरीन लाइंस, मुम्बई-400002

वेबसाइट : www.rajkamalprakashan.com
ई-मेल : info@rajkamalprakashan.com

विकास कंप्यूटर एंड प्रिंटर्स
ट्रॉनिका सिटी-201 102
द्वारा मुद्रित

मूल्य : ₹250

EK DIN LAUTEGI LADKI
Poems by Gagan Gill

ISBN : 978-93-6086-252-7

बाबा को

There are points of silence
circling the heart...

—Roberto Juarroz

क्रम

लड़की बैठी है हँसी के बारूद पर

जड़ में आकार लेगा सपना

रात जब उतरते हैं बगुले

दोस्त : पाँच कविताएँ

देह की मुँडेर पर

लड़की बैठी है हँसी के बारूद पर

लड़की अभी उदास नहीं है

लड़की अभी उदास नहीं है
उदास होगी बहुत दिनों बाद

अभी वह देख रही है काँच पर ढल गई
कोहरे की बूँद को
साँसों में ठहर गई हवा के बारे में
उसे कुछ नहीं मालूम
किसी भी चीज़ से वह भयभीत नहीं
उदास होने लायक़ कुछ भी तो नहीं

अभी उसे कुछ नहीं मालूम
आँखों में चुभ रही पत्थर की नोक के बारे में
कुछ नहीं मालूम उसे
नाड़ियों में जम रहे लहू के बारे में
अभी सब ओर हरा ही हरा है

अभी सब हैरान हैं
उसकी आँखों में फैलता बूँद का सपना देख

सिर्फ़ वह अनजान है सपने की गुड़-गुड़ से
उस मृत्यु से भी बेख़बर
जो इसके बाद पाँव पसारेगी

अभी लड़की सुरक्षित है
सपने की डूबती नब्ज़ उँगलियों में जकड़े—
हर सुरक्षा के बीचोबीच

बेशक साँसों की गर्मी गँवाती
वह ख़ाली हो रही है
ख़ाली भी, ठंडी भी
क्योंकि कुछ नहीं मालूम उसे
कपड़ों में फैलती आग के बारे में,
न शरीर की हरियाली जलने की गंध
उसकी नसों तक पहुँची है
अभी वह दूर है
हर मदद से बहुत दूर

कि घर कहीं नहीं था,
कि नब्ज़ से छिटककर
सपना मर गया है अकड़कर,
कि बहुत पहले सिमट गई थी आँख
कटी नसों के जंगल में—
यह सब उसे मालूम होगा बहुत देर बाद
छूट गए घर की गंध घेरेगी उसे
बहुत दिनों बाद

चिनचिनाकर टूटी सुरक्षा से निकलकर
वह लौटना चाहेगी माँ की गोद में
पिता की धूप में
और नहीं लौट पाएगी जब
लावे में हिचकोले खाता सिर दिखेगा जब
तब होगी उदास

लेकिन बहुत दिनों बाद।

[1983]

चौबीस पार करती लड़की

उसकी बाँहों को चूड़ियाँ अजीब-सी लगती हैं

आजकल वह नई धुन में सवार है
नहाते हुए बाँहें 'प्यूमिक स्टोन' से रगड़ती
प्रिंट दुपट्टे के साथ चूड़ियाँ बैठाती
माथे पर बहुत सोचकर एक बिन्दी लगाती
त्वचा का सादापन धीरे-धीरे उखाड़ती
वह ज़िद पर आमादा है

इसमें कुछ है
एक सुर्ख़रूपन, दिवालियापन, उसाँस-भर
किसी अनकहे शोक से मुक्ति भी

त्वचा उसकी हैरान है
और वह इस हैरानी से बाख़बर

इसीलिए माथा सँवारते वह आँखों के नीचे
नामालूम झुर्रियाँ नहीं देखती
भौंह के ऐन बीच बिन्दी ठीक करते
वह कुछ झटकती है

उसमें क्या है?

सपना है कि नींद कि उत्तींद कि ऊब
कि धीमे-धीमे फैलनेवाली मृत्यु?
वह कभी नहीं देखती आईने के पार
सीधे अपनी आँख में
जो नामालूम-सा कुछ उसकी पुतलियों में तैरता था
सरोवर-सा साफ़, निश्छल
वहाँ अब ख़ाली है—
वह बह गया या सूख गया?

नींद में डूबी उँगलियाँ उसकी
चेहरे पर चलती हैं
नींद में ही वह सफ़ेद लट दफ़नाती है
और खोपड़ी जब उन्हें उफानती
बेपर्द उसे झिंझोड़ती है
वह नींद में ही होती है
उँगलियों की नींद से देह की नींद तक
छपाक-छपाक चलती

हड़बड़ाकर चढ़ाती है वह आँखों पर शीशे
माथे पर उसकी बिन्दी अजीब-सी लगती है
हाथों में चूड़ियाँ अटपटी-सी
ऐनक में चेहरा हास्यास्पद-सा

लेकिन आजकल वह ज़िद में है
अपनी देह का सादापन धीरे-धीरे उखाड़ती हुई

[1983]

एक इच्छा चूड़ियों में

एक इच्छा लड़की की चूड़ियों में चलती है
पहले वह टूटें उसके बिस्तर पर
फिर टूटें उसकी चौखट पर

लेकिन चौखट पर क्यों?

क्योंकि लड़की के भीतर एक शोकमयी औरत है
औरत जो विधवा है
है नहीं लेकिन
हो जाएगी जो

लड़की का डर उसकी धमनियों से काँपता
चूड़ियों तक चलता है
काँपती है उनमें लड़की की इच्छा
काँपता है उनमें लड़की का शोक

शोक?

आदमी कहाँ है लड़की का?
आदमी जिसका मातम उसकी धमनियों में है
और इच्छा जिसकी उसकी चूड़ियों में

आदमी उसका फँसा है
किसी दूसरी देह में
किसी दूसरे सपने में,
दूसरे दुख, दूसरे आँसू में

उसका हर दुख, सपना, आँसू
लड़की की मातमी पकड़ से परे है...

लेकिन लड़की तो लड़की है
उसमें वही आदिम भोलापन
पागलपन, मरनपन भरा है
जिसकी सज़ा
किसी आनेवाले कल
वह उस आदमी को देगी

जब तोड़ेगी वह अपनी चूड़ियाँ...

[1983]

उदासियाँ तब कितनी अलग होतीं

अच्छा हुआ, उसने पुत्र नहीं जन्मा
अच्छा हुआ, उसने किसी कमज़ोर क्षण में
सिर्फ़ इस इच्छा को पनपने दिया
और आदमी को इसका पता नहीं चला

अच्छा हुआ, पुत्र जो उसने सोचा था
आदमी की अक़्लमन्दी और मूल्यों का बना हुआ
अक्स उसका भुरभुराया नहीं
वह जीता-जागता उसके सपने में आया
और छाया-सा चला गया

अच्छा हुआ, वह
पुत्र धारण करने से पहले
किसी बिस्तर तक नहीं गई
और शाम की यह लालसा
कुर्सियों में अलग बैठे-बैठे शाम में ढल गई

अब वह कम-से-कम
इस शाम को एकान्त में
दोहरा तो सकेगी,
इसकी छाया में निन्दिया तो सकेगी,
ऑफ़िस से लौटते हुए
बसों में हिचकोले खाने का सम्बल
जुटा तो सकेगी,
सोई हुई आँखों में सपना
तैरा तो सकेगी

अगर कहीं सचमुच
वह माँ हुई होती,
अगर कहीं सचमुच
उसका बच्चा चौबीसों घंटे
उसके सपने में से निकलकर
उसकी शामत बना होता—
सपने लेनेवाली यह लड़की
कितनी बेचारी होती!

अकेली, उदास, हारी हुई

उसकी सारी थकावटें
उदासियाँ और हारें
तब इस थकान से कितनी अलग होतीं
जो कुर्सी पर अलग-अलग बैठने की
इस हार में
उसके साथ-साथ चलती हैं।

[1984]

बहन होगी उसकी तब भी चुप

लड़की बार-बार जाएगी दुख के दरवाज़े तक
बार-बार लौटेगी दुख के दरवाज़े पर
बीच में काँपेंगे
ढेर जली पत्तियों के

लड़की की होगी एक बहन राजकुमारी-सी
हो जाएगी चुप जो
पता नहीं क्या सोच
बूँद-बूँद निचोड़ेगी लड़की अपना रक्त
सपने नहीं होंगे हरे
बहन के फिर भी
बोलेंगे सिर्फ़
लड़की के पश्चात्ताप
उगेगा नहीं कुछ
कहीं भी

एक इस दुख से
दूसरे उस दुख तक

एक हैरानी उसके
पैरों में चमकेगी
लड़की बार-बार जाएगी दुख के दरवाज़े तक

घर में अचानक
हो जाएँगे चुप सब
माँ चुप
पिता चुप
बहन चुप
लड़की चुप

भीतर की साँय-साँय आँगन में फैलेगी
आँगन से फिर आकाश तक फैलेगी
लड़की भाग-भाग लगाएगी
गारा और ईंटें
दीवारों की झिल्लियों में

कौन आएगा चीरने सन्नाटा
चिता-भर की दूरी से?

घर में कहीं छुपकर
रोएगा एक दुख
लड़की बार-बार जाएगी उसका मुँह ढाँपने
बार-बार लौटेगी
गूँगी हताशा लेकर

चेहरा एक फिर भी
उसके सपने में आएगा

दीये-जैसी आँखों में
देखेगी लालसा का अक्स वह,
देखकर लालसा
वह पत्थर हो जाएगी
सपने में नहीं, सचमुच!

बहन होगी उसकी
तब भी चुप

क्या तब भी चुप?

[1983]

मर्सिया

एक घर के आँगन में, बेटे
हम कभी नहीं आएँगे
उस घर के आँगन में तुम
यूँ ही खड़े रहोगे हैरान
माँ की जवानी से माँ के बुढ़ापे तक

माँ के सपने में आओगे जब भी
इतनी ही उम्र में फँसे रहोगे
दो-ढाई साल की उम्र में

सफ़ेद कुरता-पाजामा तुम्हारा यूँ ही चमकेगा
साल-दर-साल
घर की घास पर
माँ की नींद में मरोगे तुम, बेटे
माँ के सपने में जियोगे

माँ के सपनेवाले जिस घर में तुम हो
उसके एक तरफ़ नदी है, दूसरी तरफ़ पहाड़

तुम्हें किसी के भी ख़ौफ़ का अन्दाज़ा नहीं, बेटे
कितनी देर खड़े रहोगे तुम
घर के बाहर? भीगी घास पर?
निमोनिया जकड़ लेगा तुम्हारी नन्हीं-सी छाती को

माँ तुम्हारी सपने में
खिड़की की धूप में बैठी
कोई पन्ने-से पलटती है,
तुम कैसे झुकोगे, बेटे, उसके धूप-भरे पन्नों पर?
तुम कैसे खेलोगे, बेटे, पिता की ऐनक से?
तुम तो उस घर से बाहर हो
माँ या पिता की कोई किताब कैसे फाड़ोगे तुम?

इस घर में बेटे, वह कभी नहीं आएँगे
हर साल इस मौसम में माँ तुम्हें गर्म कपड़ों से ढकेगी,
हर साल तुम उसकी नींद में मरोगे

कैसी माँ है तुम्हारी, बेटे
जो ऐसी बानी बोलती है तुम्हारे लिए?
तुम मरोगे क्यों भला?
न अभी तुम्हारा कुर्ता मैला हुआ,
न नन्हे पैरों पर गीली मिट्टी लगी

पर बेटे, ठंड तो चढ़ गई है न
सारे पहाड़ की तुम्हारे शरीर में,
बर्फ़ीली हवा ने तो घेर लिया है न तुम्हारी साँसों को,
सितम्बर का आख़िर है यह,
इसके बाद तो और भी मुश्किल होगी
कितनी देर खड़े रहोगे तुम?

सपनेवाले घर के आँगन में माँ अब कभी नहीं आएगी
काठ हो जाएगी उसकी छाती
काठ, जो तुम्हें गर्मी नहीं दे सकता

माँ की उम्र के इस मौसम में क्या खाकर मरोगे, बेटे?
मिट्टी, घास, बर्फ़
पहले किसे कुरेदोगे अपने नन्हे हाथों से?
या भूखे ही मरोगे?

बस, नींद मत कुरेदना कभी माँ की
इसमें उसके सपने की मिट्टी फँसी होगी,
बर्फ़ भी, घास का तिनका भी

जीव-कोष अभी तुम्हारे
पिता के शरीर में ही हैं गुच्छा-मुच्छा
नींद में चलती माँ
पहुँचे तो कैसे तुम्हारे पास?
सारी दुनिया की किताबें जब पढ़ चुकेंगे तुम्हारे पिता
लौट ही आएँगे आख़िर

तब तक बेटे, तुम यहीं रहना, यूँ ही
बाँझ, कुँआरी माताओं की प्रेत-इच्छाओं में
जैसे रहते हैं बच्चे—
अच्छे बच्चों की तरह।

[1983]

दफ़्तर में ऊँघती हैं लड़कियाँ

दफ़्तर में ऊँघती हैं लड़कियाँ
ऊँघती हैं काम से, थकान से
ऊँघती हैं ऊब से, अधनींद से
चलती हुई नींद में

ऊँघती हुई लड़कियाँ
बुनती हैं हज़ार उधेड़-बुनें,
सुन्न होती उनकी चेतना में
खिट-खिट करती हैं हज़ार फ़िक्रें,
अधछोड़े कितने ही काम वे
निपटाती हैं ऊँघ में

ऊँघती हुई लड़कियाँ
उतारती हैं काग़ज़ पर एक-एक अक्षर
रखती हैं हिसाब बेहिसाब चीज़ों का
फ़िक्र करती हैं होनेवाली सब ग़लतियों का
लिखती हैं आदतन कितने ही शब्द
सोचती नहीं लड़कियाँ

अनलिखे सुन्दर पत्रों की सम्भावना
जो उन अक्षरों में बन्द थी

दफ़्तर में लड़कियाँ फटकने नहीं देतीं पास
इच्छाओं को, सम्भावनाओं को
चाहे लाख बार गुड़गुड़ करें, ऊधम मचाएँ
जमकर बैठी रहती हैं वे इच्छाओं के पिटारे पर

सूरज चमकता है उनके दफ़्तरों के बाहर
मौसम बदलते हैं उनकी खिड़की से दूर
हवा नहीं छूती उन्हें कितने ही साल
पकते हैं बाल धूप के बिना ही
दफ़्तरों में क़ैद लड़कियों के

दफ़्तर की लड़कियों के
बड़े होते हैं बहन-भाई उनसे दूर,
फिर उनके बच्चे बढ़ते हैं उनसे स्वतंत्र,
पहचानना सीखते हैं उनका मुँह देर बाद,
और भूलना सीख जाते हैं पहले ही दिन
सिर्फ़ तीन महीनों के लिए माँ बनती हैं लड़कियाँ

पकड़े रहते हैं उनके बच्चे तमाम उम्र
ढाई की उम्र वाले सवाल
और सीख जाते हैं धीरे-धीरे
बिना जवाबों के भी रहना शान्त अपने आप
ढलती हैं धीरे-धीरे
ऊँघती हुई लड़कियाँ

हालाँकि दफ़्तर में सपने झटककर बैठती हैं लड़कियाँ
अलग-थलग, इत्मीनान से
मुक्त होकर इच्छा और फ़िक्र से,
फिर भी वे पहुँच जाती हैं ग़लती से
कभी-कभी बच्चों के लोक में

उस दिन उन्हें जकड़ लेता है
दुनिया-भर के देखे-अनदेखे जन्मे-अजन्मे बच्चे
बाँहों में भरने का पागलपन

उस दिन फैलती है उनमें
छुट्टी के दिन की इच्छा

सोचती हैं उस दिन
कोई ऐसी ही कविता
ऊँघती हुई लड़कियाँ

[1983]

लड़की बैठी है हँसी के बारूद पर

लड़की बैठी है हँसी के बारूद पर
उसकी हँसी में
न स्मृति है, न कारण, न हिंसा
सिर्फ़ अँधेरे का एक डर है
जो ठीक उसके पीछे खड़ा है

उसकी हँसी में चमकते हैं वे फूल जो उसने देखे नहीं
वे बच्चे, जिनकी चीख़ें उसके कान सुनते हैं अकसर
वे सपने, जो उसके देखे-अनदेखे
पलकों से खेलते हैं धूप-छाँह

उसके भीतर हँसते हैं उसके फेफड़े गुदगुदी से
दिल फैलता है उसका भोलेपन से
पेट हँसता है उसका सबके साथ
सबको हँसता देखकर

टाँगें हिलती हैं उसकी *ही-ही-ही*
कुंद होने लगता है उसका दिमाग़ ठहाकों से भरकर

एक दौरा पड़ता है उसके शरीर की नस-नस में
उसके रोके नहीं रुकती यह हिंसा
जो नसें उसकी कर रही हैं एक-दूसरे के विरुद्ध

पहले-पहल ठिठकती है उसकी हँसी
आँख की कोरों पर
फिर रुकती है फैली पुतलियों के पास
डूब गई हैं नींद में उसकी
हँसते-हँसते थक गई आँखें

ठहरी रह गई है हवा
उसके फेफड़ों में विस्मित

क्या हुआ लड़की? तुम्हें क्या हुआ?

साँस की नली से
उतरती हैं सीढ़ियाँ
उसकी हँसी की गूँजें,
थामकर एक-दूसरी का हाथ
डरते-डरते

गिरती है धप्प से
एक चीज़ अँधेरे खड्ड में
बहुत सारा रुदन पथराया पड़ा है
वहाँ पर

कुछ रोने थे जो लड़की ने कभी नहीं रोए
कुछ रोने थे जिन्हें न रोने की ज़िद थी उसमें

कुछ थे जो उसे हर क़ीमत पर
रुलाना चाहते थे

उसकी हँसी ने जगा दी है सबके भीतर की हिंसा

खो गई है थककर
हँसनेवाली लड़की

[1985]

एक दिन लौटेगी लड़की

एक दिन लौटेगी लड़की
हथेली पर जीभ लेकर
हाथ होगा उसका लहू से लथपथ
मुँह से टपका लहू कपड़ों में सूखा हुआ

फिर धीरे-धीरे मुँह उसका आदी हो जाएगा
कपड़ों के ख़ुशनुमा रंग उसके चेहरे पर लौटेंगे

सोचेगी नहीं वह भूलकर भी
अपनी हथेली के बारे में, जीभ के बारे में

क्योंकि लड़की कुछ नहीं सोचेगी
और इस तरह हर दहशत से परे होगी
या कहें कि दहशत के बीचोबीच
लड़की में कुछ नहीं काँपेगा
ऐसा कुछ भी नहीं, जिसे धड़कता हुआ कह सकें!

सिर्फ़ कभी-कभी उसमें

एक सपना धड़केगा
या सपने में लड़की

उस कभी-कभारवाले दिन लड़की निकलेगी
सपने की नाल से अलग लिथड़ी देह लेकर
उस दिन से बहुत दिनों दूर

हथेली पर जीभ खींच लाए
उस दिन से बहुत दिनों दूर

सपने में लड़की झाँकेगी
अन्धे कुएँ में
भीतर होगी जिसके अन्धी एक और लड़की
आँखें जिसकी देखेंगी जिसे भी
अन्धा कर देंगी...

लड़की सोचेगी—
जो हिस्सा अन्धा होना था, हो गया
जो चुप होना था, वह हो गया
जो लाचार होना था, वह भी हो गया
फिर अब भला वह क्या करती है
अन्धे कुएँ में बैठी?

वह यह सब सोचेगी लेकिन सिर्फ़ सपने में

दिखने में तो बाहर से बहुत ख़ुशमिजाज़ होगी
मुँह उसका ज़ुबान बिना आदी
आँखें उसकी दृश्यों से दूर

रंग उसके चेहरे में गड्डमड्ड

ज़ुबान के बारे में वह कभी नहीं सोचेगी
भूलकर भी नहीं

न ज़ुबान के बारे में
न हथेली के बारे में
न होंठों के बारे में

[1983]

बच्चे, तुम अपने घर जाओ

बच्चे, तुम अपने घर जाओ

घर कहीं नहीं है?
तो वापस कोख में जाओ

माँ की कोख नहीं है?
पिता के वीर्य में जाओ

पिता कहीं नहीं है?
तो माँ के गर्भ में जाओ

गर्भ का अंडा बंजर?
तो मुन्ना झर जाओ तुम
उसकी माहवारी में

जाती है जैसे उसकी
इच्छा संडास के नीचे
वैसे तुम भी जाओ

लड़की को मुक्त करो अब
बच्चे, तुम अपने घर जाओ

[1987]

एक उम्र के बाद माँएँ

एक उम्र के बाद माँएँ
खुला छोड़ देती हैं लड़कियों को
उदास होने के लिए!

माँएँ सोचती हैं
ऐसा करने से
लड़कियाँ उदास नहीं रहेंगी,
कम-अज़-कम उन बातों के लिए तो नहीं
जिनके लिए रही थीं कभी वे
या उनकी माँ
या उनकी माँ की माँ

मसलन माँएँ ले जाती हैं उन्हें
अपनी छाया में छुपाकर
उनके मनचाहे आदमी के पास

मसलन माँएँ पूछ लेती हैं कभी-कभार
उन स्याह कोनों की बाबत

जिनसे डर लगता है
हर उम्र की लड़कियों को,
लेकिन अन्देशा हो अगर
कि कुरेदने-भर से बढ़ जाएगा बेटियों का वहम
तो छोड़ देती हैं वे उन्हें अकेला
अपने हाल पर!
अकसर उन्हें हिम्मत देतीं
कहती हैं माँएँ,
बीत जाएँगे, जैसे भी होंगे
स्याह काले दिन,
हम हैं न तुम्हारे साथ!

कहती हैं माँएँ
और बुदबुदाती हैं ख़ुद से
कैसे बीतेंगे ये दिन, हे ईश्वर!

बुदबुदाती हैं माँएँ
और डरती हैं
सुन न लें कहीं लड़कियाँ
उदास न हो जाएँ कहीं लड़कियाँ

माँएँ खुला छोड़ देती हैं उन्हें
एक उम्र के बाद
और लड़कियाँ
डरते-झिझकते आ खड़ी होती हैं
अपने फ़ैसलों के रू-ब-रू

अपने फ़ैसलों के रू-ब-रू लड़कियाँ
भरती हैं संशय से
डरती हैं सुख से

पूछती हैं अपने फ़ैसलों से,
तुम्हीं सुख हो?
और घबराकर उतर आती हैं
सुख की सीढ़ियाँ
बदहवास भागती हैं लड़कियाँ—
बड़ी मुश्किल लगती है उन्हें
सुख की ज़िन्दगी
बदहवास ढूँढ़ती हैं माँ को
ख़ुशी के अँधेरे में—
जो कहीं नहीं है

बदहवास पकड़ना चाहती हैं वे माँ को
जो नहीं रहेगी उनके साथ
सुख के किसी भी क्षण में!

माँएँ क्या जानती थीं
जहाँ छोड़ा था उन्होंने
उन्हें बचाने को,
वहीं हो जाएँगी उदास वे
एकाएक
अचानक
बिलकुल नये सिरे से!

लाँघ जाती हैं वह उम्र भी
उदास होकर लड़कियाँ
खुला छोड़ देती थीं जहाँ माँएँ
उदास होने के लिए!

[1985]

कुछ लड़कियों के पास घर नहीं होते

कुछ लड़कियों के पास घर नहीं होते
ख़यालों में भी नहीं

भला ख़यालों में भी क्यों नहीं?

ख़यालों में उनके बसते हैं
आँगन में खेलते हुए बच्चे
अख़बार पढ़ता आदमी
लॉन की कुर्सी पर
हर पल दिमाग़ में चढ़ती
रसोई की गन्ध—
फूल ही फूल भरे रहते हैं उनकी आँखों में
ख़यालों में

ख़यालों में लड़कियाँ
जानती हैं
कोई तूफ़ान छू नहीं सकता
उनके बच्चों को
उनके आदमी को

ख़यालों में उन्हें इत्मीनान रहता है—
कोई बुरी छाया नहीं गुज़रती
उनके ख़यालों के घर से

ख़यालों के उनके घर में
न कोई सपना अकेले देखता है,
न झूठ बोलता है,
न आधा सच—
जानती हैं सब भेद
ख़यालों में लड़कियाँ

ख़यालों के बाहर उन्हें होश रहता है
कि वह ख़यालों से बाहर हैं
कि उनके साथ-साथ चलता है जो
वह घर नहीं
दुस्स्वप्न है घर का

ख़यालों से बाहर लड़कियाँ
टकराती हैं आदमी से
किसी सड़क पर, रेस्तराँ में,
किसी तीसरे के घर
खाने के बुलावे पर

एक गन्ध उन्हें ले आती है
एक-दूसरे के रू-ब-रू
किसकी गन्ध है यह?
घर की?

लड़कियाँ जानती हैं,
अब वे इतनी सिरफिरी नहीं
कि इस गन्ध के पीछे खिंची चली जाएँ

जानती हैं वे
कि उनके चाहते, न चाहते
आदमी उनसे स्वतंत्र भी
एक सपना देखेगा
कि एक रहस्य उसका ऐसा होगा
जिसे वह कभी नहीं खोल पाएँगी—
न प्रेम से, न ईर्ष्या से, न ज़िद से!

विलाप करती हैं लड़कियाँ तब
अपने खोए भोलेपन के लिए
और निकल आती हैं सड़कों पर

विलाप करती हैं लड़कियाँ
हैरान होते हैं लोग

अपना भेद छुपातीं
हँसने लगती हैं लड़कियाँ
देखते हैं लोग

न हैरानी में
न रोने में
न हँसी में

ख़यालों तक में नहीं बचते उनके घर

[1985]

प्रेम में लड़की शोक करती है

प्रेम में लड़की शोक करती है
शोक में लड़की प्रेम करती है

प्रेम में लड़की नाम रखती है
नाम जिसका रखती है
माया है वह
माया, जिसकी इच्छा उसकी नींद में चलती है

जानती है वह
चाहे किसी भी नाम से पुकार ले उसे
बचेगा हर नाम हवा का आकार-भर
इसी शोक से बचने के लिए
प्रेम करती है लड़की

प्रेम करते हुए लड़की सोचती है,
वह सुरक्षित है विस्मृति में,
लालसा में, स्वार्थ में

याद नहीं रहता उसे
लालसा है जिसके लिए
ढेर है वह
मुट्ठी-भर हड्डियों का

हड्डियाँ जो निकल आती हैं
बिजली की भट्ठी से बाहर
सिर्फ़ पाँच मिनट बाद

प्रेम करते हुए लड़की कुछ भी नहीं सोचती
बस अपनी भारी साँस
ले जाती है उसके सीने के पास
सूँघती है उसकी मांस, मज्ज़ा

और आत्मा?

यहीं कहीं तो थी उसकी आत्मा?
कब छू पाएगी उसे वह
इस मुट्ठी-भर कंकाल के भीतर?

इसी शोक में लड़की प्रेम करती है
वहशत की हद तक

हर बार उसे लगता है
अबके बन्द हो जाएँगे दीखने
उसे ज़िन्दा आदमियों के जलते कंकाल,
अबके वह जिसे छुएगी
वह सुख होगा—
ख़ालिस सुख

हर बार वह डरकर
आदमी को जकड़ती है,
हर बार वह उससे
छूट जाता है जलती किसी भट्ठी में

शोक में लड़की प्रेम करती है
ऐसा प्रेम, ईश्वर जिससे
दुश्मनों को भी बचाए!

[1984]

कविगण कविताओं से डरते हैं

कविगण लड़कियों की कविताओं से डरते हैं
कविगण लड़कियों की कविताओं से क्यों डरते हैं?

ऐसा तो कुछ नहीं होता
लड़कियों की कविताओं में

उनकी कविताओं में तो बस
थोड़ी-सी वे ख़ुद होती हैं,
थोड़ी-सी उस सवाल की छाया
जो उनकी हस्ती की पकड़ में नहीं आता

थोड़ी-सी उनकी चाह होती है
थोड़ा-सा उनका वहशीपन
थोड़ी-सी उनकी देह की गन्ध
थोड़ा-सा उनकी आत्मा का शोक

कभी-कभार चली आती है उनमें
एक स्वप्न या दुस्स्वप्न की छाया

कहीं कविगण उस छाया से तो नहीं डरते?

उस स्वप्न या दुस्स्वप्न में
थकान होती है उस औरत की
जिसका प्रेम नहीं समझा उसके प्रेम ने
हताशा होती है उस औरत की
जो बराबर नहीं हो पाई अपने प्रेम के—
न प्रेम में, न वहशत में

उस स्वप्न या दुस्स्वप्न में
अकेलापन होता है उस औरत का
जो बैठ गई है हारकर
अपनी ही छाया में
लेकिन जो
निकल आएगी एक दिन बाहर
लील लिये जाने से पहले
अपनी छाया से, अपनी कविता से

कविगण नहीं डरते अकेलेपन से
न हताशा से

कहीं वे इस प्रेम से तो नहीं डरते
जिसके इन्तज़ार में उनकी औरतें
थककर बूढ़ी हो रही हैं?

[1986]

यह लड़की जब उदास होगी

यह लड़की जब उदास होगी
तो क्या सोचेगी?

आज नहीं
कल नहीं
बरसों बाद
यह लड़की जब उदास होगी
तो क्या सोचेगी भला?

शायद वह सोचेगी उस प्रेम के बारे में
जो भोगा नहीं उसने
शायद वह सोचेगी उस प्रेम के बारे में
जो रीत गया उसकी देह की स्मृति से

लेकिन मुमकिन है वह प्रेम के बारे में
सोचे ही नहीं
और फिर भी उदास हो जाए

शायद वह सोचेगी उन जगहों के बारे में
जहाँ कभी नहीं जा पाई वह
या उन खँडहरों को
जहाँ से निकली थी अब वह बरसों बाद
खँडहर बनकर

लेकिन हो सकता है
अपनी मिट्टी का सफ़र वह सोचे ही नहीं
और फिर भी उदास हो जाए

आज नहीं
कल नहीं
बरसों बाद
यह लड़की जब उदास होगी
तो क्या सोचेगी भला?

शायद वह सोचेगी ईश्वर के बारे में
जो अकसर गुम जाता था उससे
ख़ुशी के दिनों में
बचपन के सहेजकर रखे
चमकीले पत्थर की तरह
और फिर चमक उठता था अचानक
उसकी आत्मा की घुप्प अँधेरी रात में

लेकिन
गहरे उचाटपन के बावजूद मुमकिन है
उसे ईश्वर के होने-न-होने में
दिलचस्पी ही न हो

प्रेम नहीं होगा जब
यात्रा नहीं होगी जब
ईश्वर नहीं बचेगा जब

यक़ीनन सोचेगी तब वह
उन सब अधूरे, अनछुए कामों को
जो नहीं कर पाई वह
कभी प्रेम के उलझाव में
कभी माया के फेर में।

[1987]

जड़ में आकार लेगा सपना

(शुरू की कविताएँ)

आँख जो देखती है

आँख जो देखती है
उसके पीछे क्षितिज है

क्षितिज से कानी आँख एक
घूरती है बराबर

उसे

आँख जिसे देखती है
जो क्षितिज से पहले है

[1980]

ठूँठ अभी ठूँठ होना था

मेरा ख़याल था
ठूँठ अभी ठूँठ होगा
मगर मेरे पहुँचने तक
वह हरा-भरा पेड़ था

हमदर्दी उसे नहीं
मुझे चाहिए थी

[1979]

सुख में जो दुख है

समुन्दर के पास घायल कछुए का दुख है
तने के पास दम तोड़ती जड़ का दुख है
तूफ़ान के पास हारते आदमी का दुख है

सुख में जो दुख है
किसके पास है?

[1979]

दुख का तना

फेफड़ों की जड़ें सीने में हैं
दुख की जड़ें फेफड़ों में

फेफड़ों का तना सीने में लहराता है
दुख का तना कहाँ है?

[1979]

शहर लौटते हुए

शहर लौटते हुए
उसने सोचा
और चाहे सब बदल गया हो
गली के किनारे का गुलमोहर
ज़रूर वैसा ही होगा

पहुँचकर देखा—
सिर्फ़ पेड़ बीत चुका था

[1978]

नज़र के आगे एक दीवार है

नज़र के आगे एक दीवार है
दीवार के पीछे एक कुआँ है
कुएँ की सतह पर सीलन है
सीलन के नीचे गीली मिट्‌टी है
गीली मिट्‌टी में फँसी एक जड़ है

जड़ में एक सपना
आकार लेता है

[1980]

चोरी का फूल

जहाँ उसने सहेजा था
चोरी का फूल

ग्रन्थ में वहाँ पर
दाग़ ही दाग़ हैं

[1979]

बीमारी के दिनों में

बीमारी के दिनों में वह
ख़ुराफ़ाती हो जाता है

देखते-देखते हो जाता है ग़र्क़
सफ़ेद बिस्तर से अन्धी गुफा में

घूम आता है वे सारे बीमार तहख़ाने
जिनसे बचता रहा था अब तक

जब उसको पाँवों से ग्लुकोज़
और बाँहों से ख़ून चढ़ रहा होता है
वह किसी उस नदी के किनारे
टहलता है
जहाँ से उसने किये थे कभी
धुआँधार विस्फोट
किसी उसकी तरफ़
जो जाते-जाते लगा गया था
उसकी पीठ पर सलाख़

और जिस तक पहुँचने के पुल
एक दिन अचानक
बवंडर में उड़ गए थे

बेहोशी में
उसके पपड़ाए होंठों पर
शब्दों की वही मछलियाँ तड़पती हैं
जिन्हें तड़फड़ाता देख वह
हँसता रहा था
और फिर अचानक
दहशतज़दा हो
उन्हें बीच मैदान छोड़
भागता चला आया था

वह जान-बूझकर हिलाता है
ग्लुकोज़ की सुइयाँ
और तड़पता है—
इस तरह करने में
उसे ख़ास तरह का सुख मिलता है

जब सम्बन्धी उसकी सलामती की
दुआएँ माँगते हैं
वह चोर आँखों से देखता है
उन तक फैले अजनबीपन को
और याद करता है
बचपन के उस दोस्त को
जिसे उसने वर्षों नहीं देखा
एक ज़िद की ख़ातिर

और सोचता है,
कितना अच्छा हो, अगर वह
नामुराद आ जाए,
वे उसी तरह बनाने लगें
रेत के घरौंदे,
बरसाते रहें खेल-खेल में
एक-दूसरे की पीठ पर चाबुक
तड़ातड़...तड़ातड़...

[1979]

जंगल प्रस्तुत है

जंगल अगवानी के लिए प्रस्तुत है

तुम्हारे आराम की ख़ातिर
नई कोंपलों का बिछावन हाज़िर है

तुम्हें पनाह देने को
आकाश-सा वक्ष प्रस्तुत है

तुम चाहो तो तुम्हें ठोकरों से बचाने को
जड़ें तक खींच ले

तुम्हारा मन बहलाने को
हड्डियों की सारंगी बजा दे

तुम्हारे सिर की छाँह सलामत रखने को
ख़ूँख़ार होकर चूस जाए
धरती का सारा रक्त

किरणों के रंग दिखाने में
अपनी आँखें तक फोड़ ले
और फिर
बाँहों की तश्तरियों में
सलीके से सजाकर
इस तरह परोसे
कि तुम इन्द्रधनुषी रंगों में मस्त
भूल जाओ उसके उदास रंग तक

बस तुम आने की करो—
जंगल अगवानी के लिए प्रस्तुत है।

[1979]

उस शहर की मौत का ऐलान

उसे बहुत पहले ही इस शहर की मौत का
ऐलान कर देना चाहिए था
जो उनके साँसों में बनता
अपनी नींवों के पाँवों नीचे
कुचलकर मर गया

उस ग़रीब-से शब्द को
जो वे होंठों में
ज़िन्दा चिनते रहे,
उसे प्यार से थपथपा देना चाहिए था—
वह अपनी मौत आप मर जाता

पर बुरे दिनों के नीचे से
निकले थे कुछ बूढ़े बाल
जिनके राज़ साझे थे
खोपड़ी की जड़ों से
(और आख़िर तो आवाज़ के
ज़िन्दा रहने की एक हद होती है

और आँख की अपनी एक शर्म)

उसे बहुत पहले ही सी लेने चाहिए थे
आँखों के शहतीर
काँच की ऊन से
और अपने साथ-साथ
उन सब आँखों के
जो झाँकती थीं सड़कों से टुकुर-टुकुर
सूरज को
कान खड़े करके

ख़तरा कहीं नहीं था
न हवा में
न फ़िज़ा में
न ज़मीन में

धरती के पेट में बस
एक साँप-सा हिलता था,
मीठा-सा ज़हर एक
पाँवों तले हाँफता था
(ख़तरा कहाँ नहीं है भला!)

उसे बहुत पहले ही चुप हो जाना चाहिए था
हँसी की ज़बान पर दहकता अंगारा रखकर
और शुक्रगुज़ार होना चाहिए था
सिर की छाया के लिए

लेकिन पिघले कोलतार पर

फिसलती खोपड़ी में
फँसी उसकी टाँगों को
किसी छाँव की कोई परवाह नहीं थी—
तब सूरज ही पहला सच था,
सूरज ही आख़िरी

आँखों से शर्म की आख़िरी झिल्ली
उतरने से पहले ही
उसे जान लेना चाहिए था
कि चटख़ी घास के बिना
अब और कहीं
कोई शुरुआत सम्भव नहीं

उसे बहुत पहले ही
इस शहर की मौत का
ऐलान कर देना चाहिए था

[1980]

माफ़ी माँगने से पहले

माफ़ी माँगने से पहले ही
बहुत कुछ घट चुकेगा

वे तुम्हें स्मृति में क़ैद करके
अपनी दहलीज़ से बाहर कर देंगे
और तुम्हारे पास उन्हें यह समझाने का
वक़्त तक नहीं होगा
कि तुम्हारी फड़कती आँख
और उनकी उठी उँगली में
एक रिश्ता था
जो अब भी मरना नहीं चाहता था

अपनी आँखों का खारा पानी
तुम्हें तब भी नितान्त अपना लगेगा
जबकि गले में फँसी बात तुम
छोड़ दोगे
रेगिस्तानी शब्दों की अमानत

यूँ तो इस दौरान
बहुत सारे मर चुकोगे तुम
लेकिन जो भी बचेगा तुम में
वह देखेगा उस शून्य को
जहाँ कोई आवाज़ नहीं पहुँचती कहीं
आवाज़ों के परिन्दे जहाँ
दम तोड़ते हैं
तो बेवजह नहीं

हो सकता है
आख़िरी दहलीज़ पार करना तुम्हें
जानलेवा लगे
और अगर तुम कमज़ोर गुर्दे के हुए
तो मुमकिन है, तुम
वहीं ग़श खाकर प्रेत हो जाओ

लेकिन अगर तुमने एक बार
वह दहलीज़ पार कर ली
तो कुल आलम तुम्हारा होगा

तुम्हें अपने कानों से मोह जागेगा
कि तुमने कोई शर्मिन्दा होनेवाला
शब्द नहीं कहा

दस क़दम चलकर तुम
ठंडी साँस लोगे
और सड़क के मोड़ पर पहुँचकर
मुक्त हो जाओगे

तुम्हें ख़ुशी होगी
कि तुम अपना मरा हिस्सा
वहीं छोड़ आए हो
जिसकी गन्ध से उनका कोई छुटकारा नहीं
और तुम अब मुक्त हो

अब तुम्हारी यही उपलब्धि है
कि तुम्हें माफ़ नहीं किया गया
अब तुम्हारी यही सज़ा है
कि तुम माफ़ नहीं कर सकोगे

अब तुम तेज़ाब में भीगा
अधजला बाल हो
दुनिया की कोई चीज़ जिसे
नष्ट नहीं कर सकी

माफ़ी माँगने से पहले या बाद
जो कुछ जितना भी भयंकर घट सकता था
तुम्हारे साथ घट चुका है

[1981]

उदासी क्या ऐसी भी होती है?

उसने सोचा
आज पेड़ आकाश के गले लगकर रोए हैं
अच्छा हुआ
ग़ुबार निकल गया,
अब सहज-प्रसन्न होंगे

उसने देखा
पेड़ों ने उदासी में
ज़मीन छोड़ दी थी
वे किसी भी वक़्त
गिर सकते थे

उसने सुनीं
पेड़ों के तिड़तिड़ाकर गिरने
और धरती के यतीम होकर
रोने की आवाज़ें

उसने सोचा—

उदासी क्या ऐसी भी होती है?

[1978]

उसे कुछ नहीं चाहिए था

उसने उससे कहा
मुझे तुम्हारी आत्मा चाहिए

वह उसे बाज़ू से पकड़कर
एक सुनसान मैदान में ले गया
जहाँ एक बिना सिर का
चौपाया खड़ा था

उसने उससे कहा
आत्मा नहीं
मुझे तुम्हारा मन चाहिए

वह उसे घसीटता हुआ
एक घने जंगल में ले गया
जहाँ एक भयंकर अजगर
मुँह खोले बैठा था

वह रहा, वह बोला
लेकिन वह बिना सुने
चीख़ती हुई बाहर भागती आई

गहराती रात में
उसने उससे चीख़-चीख़कर कहा
मुझे सिर्फ़ तुम चाहिए हो!

बर्फ़ीले तूफ़ान के बावजूद
वह पिघल गया धीरे-धीरे

सुबह हुई
वहाँ कुछ नहीं था

उसे कुछ नहीं चाहिए था

[1978]

रात जब उतरते हैं बगुले

हमारे डर का चेहरा
नहीं है एक मृत आदमी का
मृत बहुत मेहरबान हैं हम पर

—ज़्बीग्निएव हर्बर्त

बहुत सारा एकान्त था दादी के पास

दादी के पास बहुत सारा एकान्त था   और बहुत सारा फैलाव   बुढ़ापे के अकेलेपन का   दादी के पास बहुत सारी बड़बड़ाहट थी   बहुत सारे बेल-बूटे   और बहुत सारा शोक

पागल हो गई थी दादी बेटे के मातम में बो दिये थे एक दिन उसने घर-आँगन में फूल ही फूल पौधे ही पौधे

रात जब उतरते हैं बगुले   शाख़ों के झुरमुट पर   वह झपकाती है अपनी   नीम-अन्धी आँखें   भला क्यों?

नहीं दादी नहीं, बेटे नहीं हैं ये
पंछी हैं जो उड़ जाएँगे सुबह
तुम्हारा आँगन ख़ाली करके

दादी के पास एक बहुत बड़ा पलँग था सोते थे जिस पर उसके पाँच बच्चे   अब उबासी लेता पलँग   बरसों से औंधा खड़ा है

कहाँ गए दादी वे बच्चे
मन्नतें मनाती फिरती थीं जिनकी तुम?
इस अकेली, ठंडी रात का शाप
उनके आरामदेह बिस्तरों में उन्हें
कब छुएगा?

किसकी आहट सुनती रहती हो भाभी
इस भाँय-भाँय करते घर में?
वह कौआ तो बहुत पहले
गूँगा हो गया था
और वक़्त?

वक़्त अब तुम्हारे मुल्क में
दबे पाँव नहीं आता

गुमसुम न हो जाया करो
पहले भी तो यूँ ही गुज़रती थीं
सरसराकर घर के ऊपर से

बस, तब वे जंग की गोलियाँ होती थीं

दादी नहीं छोड़ती थी अपना घर भले वहाँ गोलियाँ चलती रहें लेकिन वहीं तो दबे थे उसके प्यारे पिल्ले और बिल्लियाँ और पिस्सू घर छोड़ने के नाम पर वह बेहोश हो जाती थी और बुढ़ापे के एकान्त में भी

जिनका इन्तज़ार कर रही है दादी   वे कमबख़्त वहाँ आने के लिए इन्तज़ार कर रहे हैं एक 'ख़बर' का   भूले-भटके आते हैं जब भी   कहते हैं, दादी, तू बहुत ज़िद्दी है   कोई नहीं पूछता   दादी, तू क्यों ज़िद्दी है?

[1988]

बेटे के मातम में

बेटे के मातम में
रोती थी दादी
हँसते थे बच्चे

अभी बहुत छोटे थे—
दादी क्या कहती?

सालहा-साल
रोती रही दादी
बेटे के मातम में—
उसकी हँसी उड़ाना सीख गए थे बच्चे—
बड़े हो रहे थे न!

एक दिन रोककर अपना रोना
बद्दुआ दी दादी ने
मुँह भरकर उन्हें
समझे नहीं बच्चे कुछ भी
ही-ही करके मस्त हो गए फिर

लेकिन उनके समझते-न-बूझते
एक सिल फैलती जा रही है
उनके दिल पर

धीरे-धीरे चुप रहने लगे हैं बच्चे
बेवजह एक नामालूम शोक से
घिर गए हैं बच्चे

उम्र से अचानक
बड़े हो गए हैं बच्चे

दादी की बद्दुआ
असर ला रही है!

[1988]

दादी को नहीं मालूम

दादी को नहीं मालूम
लड़की कविताएँ लिखने लगी है

दादी को नहीं मालूम
'पढ़-पढ़' कर लड़की की नज़र
कमज़ोर हो गई है

दादी को नहीं मालूम
उसकी तरह लड़की भी
पौधों से बातें करती है
अपनी छत पर अकसर

दादी को क्या मालूम
कि उससे सैकड़ों मील दूर रहकर भी
लड़की सोचती है उसके बारे में अकसर

उसे तो बस यही मालूम है
कि सालहा-साल लड़की ने

कभी ख़त नहीं लिखा,
कि पहाड़ जैसे दिन निकल जाते हैं
और डाकिया निकल जाता है
रोज़ ख़ाली हाथ
उसके दरवाज़े से—
जिस किसी भी सोच में है लड़की
दादी क्या करे?

भूले-भटके अगर कभी मिलता है दादी को
कोई तोहफ़ा
दिखाती फिरती है उसे वह
गाँव-भर की बूढ़ियों को

पूछती है सबसे हँसकर,
भला बताओ तो,
इस उम्र में वह
मख़मली जूतों का क्या करे?
कि मंजन करनेवाले दाँत वह
कहाँ से लाए?
कि ख़ुशबूदार साबुन वह
खोले कि नहीं?

सतगुरु का शुक्रिया अदा करती है दादी
अच्छे हैं उसके बच्चे
जो याद कर लेते हैं उसे अब भी कभी-कभार
बिलकुल ही मर गई तो नहीं समझ छोड़ा!

शुक्रिया अदा करती है दादी
कि अब भी बच्चों के सपनों में
ददिहाल-ननिहाल के नाम पर
उसी का वह अकेला घर बसता है

बहुत कम बची हैं गाँव में
दादी की उम्र की बूढ़ियाँ
कौन जाने, कब उसके
बच्चों के सपनोंवाला यह घर भी
ख़ाली हो जाए!
न, ऐसा कभी न हो
दादी उनके लिए
बस यही माँगती है

उसे नहीं मालूम
कि उसके वंश की एक लड़की
उसकी उम्र के ख़ालीपन से
ख़ौफ़ खा गई है

दादी पीती है
ताक़त की दवा नियम से
बच्चों के इन्तज़ार में

[1987]

दादी जब मर जाएगी

दादी जब मर जाएगी
कहाँ जाएगी?

पहले तो शायद उसे
इतनी बड़ी हवेली में
अपना गठरी-सा शरीर
छोड़कर जाना ही
नाग़वार गुज़रे

हो सकता है वह अपनी हड्डियों से
तब तक चिमटी रहे
जब तक कि यमराज उसे लेने
ख़ुद ही न आ जाएँ

—लेकिन भला वह हड्डियों से
क्यों चिमटी रहेगी?
—डूबते को 'हड्डियों' का
सहारा होगा न?

हो सकता है यमराज उससे कहें
माई, तू अभी कुछ दिन और रुक जा
अपने पोतों के ब्याह तो देख ले—
फिर दादी क्या कहेगी?

दादी कहेगी, महाराज
मुझे ले चलो
ब्याह तो अपने उस बेटे का देखूँगी
जिसे आप ले गए थे
भरी जवानी में छीनकर

लेकिन मुमकिन है, इसके उलट हो
यमराज उसे ले जाना चाहें
पर वह ख़ुद ही न जाए

हो सकता है, दादी उनसे कहे—
महाराज,
आँखों से बेज़ार हूँ
हर वक़्त अँधेरे में घिरी हूँ
मरी हुई तो ऐसे भी हूँ
पर यह जो कभी-कभी
मेरे कानों में आवाज़ पड़ती है
एक लड़की के बड़े होने की,
यह लड़की जो मेरे पोते का वंश
अपनी कोख में पोसेगी
इसे ज़रा मुझे घर तो ले आने दो

फिर चाहे ले चलना मुझे
बीच सगुनों से उठाकर

सवाल यह नहीं
कि दादी को कितनी मोहलत मिलेगी?
मिलेगी भी या नहीं?

सवाल यह है
कि एक न एक दिन तो सबको मरना है

फिर
दादी जब मर जाएगी
कहाँ जाएगी?

[1987]

चौबीस लाशों के गाँव के बाहर

[पंजाब के एक गाँव का समाचार पढ़कर]

एक के बाद एक
चौबीस लोग
खड़े होते हैं एक क़तार में

एक के बाद एक
चौबीस लोग
गिरते हैं उस क़तार से

चौबीस आत्माएँ
अटकी रहती हैं, हक्की-बक्की
उनकी खोपड़ी के छेद में

शरीर छोड़ने से पहले,
किसी पेड़ पर
औंधा लटकने से पहले,
पूछती हैं—
कोई है?
[1987]

कोई है?

कोई है?

गाँव की शाम के सन्नाटे में
भाँय-भाँय करती
चौबीस आत्माएँ पूछती हैं
कोई है?

अपने शरीरों से यूँ
अकेले निकलते हुए
अचकचाते हुए
आख़िरी उम्मीद में
देह से पूछती हैं चौबीस आत्माएँ—
कोई है?

फिर पकड़कर एक दूसरे का सिरा
डरी-सहमी
घुसती हैं वे गाँव की सरहद में
गाँव की गली में

घर की दहलीज़ पर
लगाती हैं गुहार—
कोई है?

चौबीस आवाज़ों का शोर
चौबीस इच्छाओं का सोग
चौबीस प्रेतात्माओं का ख़ौफ़
खटखटाता है अपना घर-द्वार
मुल्क-गाँव
भाई-बन्धु

कोई है?

[1987]

पंजाब की एक बस में

पता नहीं मरनेवाले ने क्या सोचा होगा
मरने से पहले?

हो सकता है, उसने सोचा हो
कोई महबूब चेहरा
या कोई अधूरा काम?
हो सकता है, उसने सोची हो
कोई आख़िरी अनकही बात?
या अपने छोटे बच्चे का चेहरा?

मरने की क़तार में खड़े होते हुए
पता नहीं क्या सोचा होगा उसने?

शायद उसने सारी की सारी ज़मीन को
भर लिया हो आँखों में?
शायद उसने सारे के सारे आसमान को
हवा को, पेड़ों को
दिन की डूबती रोशनी में उगते चाँद को
देखा हो?

पता नहीं उसने क्या देखा होगा
मरने से पहले?

पता नहीं उसने देखा कि नहीं
मारनेवाले का नक़ाबपोश चेहरा?
या उसके हाथ में पकड़ा हथियार?
या सिर्फ़ उसके हाथ?

हो सकता है, वह सिर्फ़
अपनी ज़मीन के ख़याल में मर गया हो
मुमकिन है, मरने से पहले
उसे कुछ भी न सूझा हो

पता नहीं उसने आख़िरी वक़्त
किसी गुरु-पीर को याद किया कि नहीं?
पता नहीं उसे ईश्वर-जैसी किसी चीज़ पर
गिला आया कि नहीं?
पता नहीं वह 'धर्म' शब्द पर
थूक सका कि नहीं?

पता नहीं मरने से पहले उसे
यह ख़याल भी आया कि नहीं?

मरने के पहले के
उस छोटे-से क्षण में
क्या सोचा होगा उसने?

[1987]

कहाँ लगी थी गोली?

[संत लोंगोवाल की स्मृति में]

अख़बार में छपा
तुम्हारा ही चेहरा है न यह?
क़त्ल कर दिया गया है जिसका?
तुम ही हो न जिसके लिए
कह दिया था मैंने यूँ ही
छोड़ेंगे नहीं वह तुम्हें
हद से हद एक महीना और

कहा था मैंने
और भूल गई थी

लेकिन सुना ईश्वर ने
और सो गया अट्ठाईसवें दिन
तुम्हारे लिए
मेरे लिए

तुम ही हो न
जिसे सुनने उमड़ गई भीड़ में
मैं भटकी थी
यहीं, सप्रू हाउस में
रकाब गंज, पटेल हाउस में

तुम ही थे न
जो कहते थे—
ठीक हो जाएगा सब
घबराओ नहीं

वह बैठी हुई आवाज़
तुम्हारी ही थी न
जिसे लपकने के लिए
मैं शनि-इतवार की गर्म दोपहरों में
भागती रही थी?

तुम्हारा ही सीना था न वह
जिसे देखा था मैंने उस शाम
सफ़ेद कुर्ते पर फैली
सफ़ेद दाढ़ी के बीच?
कहाँ लगी थी पहली गोली, लोंगोवाल,
कहाँ?

चाहे हज़ार बार झटक दूँगी मैं तुम्हें
तुम यूँ ही गिरते रहोगे
मेरे ख़याल में
हर शाम उसी तरह

साढ़े पाँच बजे
छाती पर हाथ रखकर
कहते हुए संगत से—
"नहीं, मुझे कुछ नहीं हुआ"
और दागी जाएँगी गोलियाँ
तुम्हारे जिस्म से सटाकर—
एक
दो
तीन...

तुम्हारा ही चेहरा है न यह
हर शाम साढ़े पाँच बजे
जिसके जिस्म में से
पहली गोली पार होती है,
दूसरी अटकती है,
तीसरी फँस जाती है दिल के नीचे?

वाहेगुरु ने उस शाम अपना काँटा
तुम्हारी पसलियों में अटका दिया था
और खींच रहा था तुम्हें ऊपर
और ऊपर...

मैं सोचती हूँ
क्या सोचा होगा तुमने
पच्चीस मिनटों के आख़िरी सफ़र में?
क्या सोचा होगा तुम्हारे ड्राइवर ने,
तुम्हारे भानजे ने,
भाई ने?

मैं दौड़ती हूँ
पाँच हज़ार की भीड़ में
मैं दौड़ती हूँ
दस हज़ार की भीड़ में
मैं दौड़ती हूँ
सत्तर करोड़ की भीड़ में

नहीं
मत मारो हमारे लोंगोवाल को
नहीं
छोड़ दो उसे
तुम्हें हमारे सोए गुरुग्रंथ का वास्ता
तुम्हें हमारे ईमान का वास्ता

तुम सो रहे हो लोंगोवाल
सोते हुए हँस पड़े हो
तुम सोने क्यों लगे हो, लोंगोवाल?

जब बहुत उदास हो जाएँ
तो क्या यूँ सो जाना चाहिए?

सो गए हो, लोंगोवाल?

[21 अगस्त, 1985]

पाँचवाँ आदमी

[पंजाब के समाचार पढ़कर]

फाँसी के फंदे की तरफ़ बढ़ता
पाँचवाँ आदमी रखता है क़दम
पाँचवीं जगह पर

धूप हो या अँधेरा
देखता है पाँचवाँ आदमी
अपनी छाया
पाँचवीं जगह पर

सिर्फ़ पाँचवें आदमी के पास दिलासा रहता है
कि उसके आगे भी चार हैं

आख़िर तक उसे यक़ीन रहता है—
वह पाँचवाँ नहीं होगा

[1989]

फाँसी की तरफ़ बढ़ते हुए

फाँसी की तरफ़ बढ़ते हुए
पहला आदमी क्या सोचता है?
वह सोचता है
आख़िरी आदमी भी तो हो सकता था वह

फंदे की ओर बढ़ते हुए
वह पा लेता है अचानक
मृत्यु के आतंक से मुक्ति

अचानक उस के पास
मोहमाया से अलग
सिर्फ़ एक चीज़ बचती है—
ईर्ष्या—
आख़िरी आदमी से बेइंतहा ईर्ष्या

अन्त तक पहुँचकर
वह पहली बार देखता है मुड़कर
आख़िरी आदमी को

जैसे सुनिश्चित कर रहा है
अपने साथ-साथ उस का भी अन्त

एक अँधेरे बेबस क्षण में
क्या कोई इस के सिवा कुछ कर सकता है?

[1989]

इसीलिए

वह नहीं होगा कभी भी
फाँसी पर झूलता हुआ आदमी
वारदात की ख़बरें पढ़ते हुए
सोचता था वह

गर्दन के पीछे हो रही झुरझुरी को वह
मुल्तवी करता रहता था

तमाम ख़बरों के बावजूद
सोचता था
अपने लिए एक
बिलकुल अलग अन्त

इसीलिए जब अन्त आया
तो अलग तरह से नहीं आया।

[1989]

दोस्त : पाँच कविताएँ

ख़ुशआमदीद

दोस्त के इन्तज़ार में

उसने सारा शहर घूमा
शहर का सबसे सुन्दर फूल देखा
शहर की सबसे शान्त सड़क सोची
एक किताब को छुआ धीरे-धीरे
उसे देने के लिए

कोई भी चीज़ उसे
ख़ुशआमदीद कहने के लिए
काफ़ी न थी!

[1986]

प्रेम तो नहीं है यह लड़की?

प्रेम तो नहीं है यह लड़की
देखती हो हर किसी को
एक ही निगाह से
आँखों में आँखें डाल
उँड़ेलकर सारा मन और आत्मा
जबकि दोस्त बैठा है तुम्हारे पास

दोस्त जब पूछेगा मछली
समुन्दर में कितना पानी
क्या जवाब दोगी?
दोस्त जब पूछेगा लड़की
कोई ख़ाली कोना है भी तुम्हारे पास
मुझे देने के लिए,
क्या जवाब दोगी?

कि देखती हो जहाँ भी
वहीं वह दिखाई देता है?
कि उसके पास होने का सुख
तुमसे सँभाले नहीं बन रहा?

वह कैसे जानेगा लड़की
तुम्हारा सुख?
उसकी स्मृति में तो तुम्हारा चेहरा
बहुत उदास है,
बहुत अकेला
तुम्हारे माथे में खिलती धूप
वह कैसे बूझेगा लड़की?

देखती हो हर किसी को तुम
एक ही निगाह से

प्रेम तो नहीं है यह?

[1987]

दोस्त के इन्तज़ार में

दोस्त के इन्तज़ार में उसे बहुत डर लगा

स्मृति में खरोंचा उसने
धुँधलाया चेहरा उसका,
निकालकर पिटारा उस रात
देखीं सब तसवीरें,
रंगों का धब्बा रह गया था दोस्त
सिर्फ़ रंगों का धब्बा—
दोस्त के इन्तज़ार में उसे बहुत डर लगा

दोस्त के इन्तज़ार में
भूलकर अब तक की मनौतियाँ
मनाया उसने
कि दोस्त न आए,
कुछ हो जाए
और दोस्त न आए,
कि जितनी भी बची है स्मृति सुख की
बच जाए,

कि उससे दूर जाकर वह कहीं भी छिप जाए
रात के अँधेरे में या दिन की चकाचौंध में

दोस्त के इन्तज़ार में
वह एक जगह पहुँची—
दुख-सुख से परे
स्मृति-विस्मृति से परे
इच्छा-अनिच्छा से परे
इन्तज़ार के तपते हुए चेहरे के ऐन पास

घर्र-घर्र दौड़ते गाड़ी के पहिए
घर्र-घर्र घूमती पृथ्वी की धुरी
घड़ी की सुई,
उजाड़ स्टेशन पर टँगा
इन्तज़ार करता पब्लिक टेलीफ़ोन
घर के फ़ोन की उलझी हुई तारें

बहुत सालों बाद
उस रात उसने देखा
धीरे-धीरे उगता सूरज,
बहुत सालों बाद सुना उस रात
दिन का शोर
शहर में फटता हुआ,
बहुत अरसे बाद सुनी ख़ामोशी उसने
शहर की आत्मा की

आईने के सामने जाकर उस रात
देखा उसने ख़ुद को

बहुत दिनों बाद—
कहीं वह बदल तो नहीं गई थी?

अपने भीतर के शोर से
उसे बहुत डर लगा।

[1986]

शहर में उसके दुख बसता है

शहर में उसके
दोस्त नहीं,
उसके न होने का दुख बसता है

दोस्त तो है
किसी दूसरे शहर में
किसी दूर-दराज़ घर में
या दफ़्तर में—
उसकी आँखों से दूर
उसकी धड़कन से दूर
उसकी चेतना से दूर

कुछ भी हो सकता है वहाँ उसके साथ
रिस सकती है गैस
भड़क सकते हैं दंगे
गिर सकता है दोस्त उसका
ग़श खाकर यूँ ही
सरे-राह,

और अगर सब ठीक चलता रहे
तो भी हो सकता है वह उदास
यूँ ही, बेवजह

पता नहीं वह कितना सुरक्षित होता
हर अनहोनी से,
अगर वह होती उसके शहर में
कितना सुखी होता?
होता भी कि नहीं?

लेकिन अगर वह होता उसके शहर में
वह देखती उसके बच्चे का मुँह,
होता अगर उसके पड़ोस में
वह लगाती उसके बच्चे को सीने से

शायद होता कुछ कम इससे ख़ालीपन
न भी होता तो
बाहर लौटती
भूली-सी एक साँस

एक बहुत मुश्किल लगनेवाले दिन
जाती वह उसके घर
भर लाती ऑक्सीजन
आनेवाले दिनों की

लेकिन दोस्त होता जो उसके शहर
तो कोई दिन भला
मुश्किल क्यों होता?

पता नहीं उसके रहते भी
नींद चैन की उसे
आती कि नहीं?

सीने में सोग था जिसका
उस बच्चे के प्रेत की
तब भी मुक्ति होती कि नहीं?

क्या पता वह तब भी किसी से
कह पाती कि नहीं
किसी-किसी शाम खुलते
सुख-दुख के रहस्य की बात?

शहर में उसके
दोस्त नहीं
उसका दुख बसता है

[1987]

विदा किया

विदा किया दोस्त को उसने उसके शहर
थोड़ा-सा रखा अपने लिए बचाकर

थोड़ा-सा बचाया अपने कमरे के ख़ालीपन में
थोड़ा-सा बचाया अपने कानों की साँय-साँय में
छाया-भर बचाया भटकते ख़यालों में
साथ-साथ चलने को

जाने दिया उसने उसके भीतर के पिता को, प्रेमी को
आने दिया उसने उसके भीतर के
दोस्तबाज़ को, दारूख़ोर को—
ख़ामोश था जो बहुत उसमें
बचाकर रखा अपने पास
गुपचुप बातें करने को!

जी भरकर चली फिर वह
बेदोस्त सड़कों पर,
जी भरकर गुज़री फिर वह

धुंध-भरी शामों से,
जी भरकर सेंकी उसने गुनगुनी धूप
फैलाकर उसका ख़याल

ख़यालों में उससे शिकायतें कीं
ज़माने-भर की उसने,
ख़यालों में उससे लड़ी बेवजह
कितनी ही बार, यूँ ही,
रोते-रोते चुप हुई
कितनी ही बार
अपने आप
बैठकर ख़यालों में
उसके पास

नहीं लिखा बस तो उसे
एक ख़त नहीं लिखा,
नहीं कहा उससे तो बस
यही नहीं कहा
कि बचाकर रख लिया था उसे
दोस्ती के तिलिस्म में
थोड़ा-सा

होने दिया परेशान उसे
बेवजह दूसरे शहर में,
सूखने दिया लहू उसका
बेसिर-पैर अपनी चुप्पी से

बदला लिया इस तरह उसने
उसके भीतर के पिता से, प्रेमी से
दोस्तबाज़, दारूख़ोर से—
बदला लिया इस तरह उसने उसके
मन के हर उस कोने से
जहाँ वह नहीं थी

विदा किया दोस्त को उसने
थोड़ा-सा रखा अपने लिए बचाकर

[1986]

देह की मुँडेर पर

वह उससे मिलने जा रही है

पेड़ कहते हैं टहनियों से
टहनियाँ कहती हैं पत्तियों से
धूप कहती है हवा से
आकाश कहता है ख़ुद से

वह उससे मिलने जा रही है

पहिये कहते हैं बदहवास धुरी से
लाल बत्ती कहती है हरी से
फूल कहते हैं रंगों से
वह कहती है अपने प्राणों से

वह उससे मिलने जा रही है

उसे नहीं मालूम
मृत्यु रखती है
चुपके से अपना हाथ
उसकी पीठ पर

अब
जब वह

उससे मिलने जा रही है

[1989]

क्या उसे मालूम है?

रास्ते के सब फूल
वह भर लेती है
अपनी आँखों में
उससे मिलने जाते हुए

क्या उसे मालूम है?

तमाम सृष्टि को
छिटक देती है
अपनी स्मृति से
सिर्फ़ उसका चेहरा
बचाए रखती है
अपनी हथेलियों के एकान्त में

क्या उसे मालूम है?

इच्छा से ब्रह्म तक
ब्रह्म से इच्छा तक
वह बार-बार डगमगाती है

क्या उसे मालूम है?

हज़ार बार जाकर
हज़ार बार लौटकर
अपने एक सच से
वह कितनी परेशान है

क्या उसे मालूम है?

[1989]

कहाँ रहेगी वह सन्ताप के साथ?

अगर वह उसके सीने पर
रख दे अपना सिर
या उसके कन्धे पर

अगर वह छुए उसका हाथ
अक्तूबर की झुरझुरी में
थाम ले उसकी बाँह घबराकर
स्टेशन की हड़बड़ी में

लौटते हुए रख दे चुपचाप
उसकी गर्म गर्दन पर
अलविदा का एक अधूरा, रुआँसा चुम्बन

तो
उस लम्बी-चौड़ी देह में
क्या इतनी जगह होगी
जहाँ वह रह सके
अपने सारे सन्ताप के साथ?

[1987]

देह की मुँडेर पर

देह की मुँडेर पर
वह करती है उसका इन्तज़ार

बाहर उतना ही अँधेरा है
जितना भीतर।

[1988]

साथ-साथ

जब वे साथ-साथ चलते हैं
उनके साथ चलती हैं उनकी छायाएँ

चलती हैं छायाओं में छायाएँ
उन तमाम लोगों की
जो अदृश्य रहते हैं उनमें

उनके साथ चलते हैं
बचपन के दिन
शुरू जवानी की हैरानियाँ
वे तमाम डर
जिन्हें कहने की बजाय
वे झेंपकर हँसते हैं

चलती हैं उनके साथ
चुड़ैल इच्छाएँ
जो बदलना चाहती हैं
अब तक के हर झूठ को
सच में

सारे सन्ताप
सारे पूर्वजन्म
चलते हैं उनके साथ
जब वे साथ-साथ चलते हैं
अदृश्य सन्तान
समूची धरती
सारा आकाश
बीती सब सदियाँ
चलती हैं उनके साथ

और वे दो कंकाल भी
जो उनकी छाया में रहते हैं

[1989]

वह उसे छूती है

एक अलस्सुबह वह उसे छूती है
किसी अनजान ग्रह पर
होश के सातवें आसमान पर
तृष्णा की अजीबोग़रीब रोशनी में

वह उसे छूती है
भारी बादल की तरह
ठहरी हवा की तरह
पवित्र अग्नि की तरह

वह उसे इस तरह छूती है
जैसे वह छठे दिन का ख़ुदा हो
जिसे उसमें से गुज़रकर
उसे नष्ट कर देना हो
फिर से बनाना हो

एक अलस्सुबह वह छूती है
उस मायावी को
जल की तरह

और चुन लेती है अपने लिए
मृत्यु

एक मछली की।

[1987]

इच्छा से मुँह फेरकर

दोस्ती में प्रेम था
प्रेम में इच्छा
इच्छा से मुँह फेरकर
वह कहाँ जाएगी?

इच्छा से मुँह फेरकर
वह रेल की पटरी पर जाएगी
या झील के किनारे
या नींद की दसवीं गोली के सिरहाने
तीसरी मंज़िल की मुँडेर पर
अन्तिम इच्छा के संकोच तक

प्रेम में इच्छा थी, इच्छा में तृष्णा
तृष्णा क्यों माँगती थी
अपने लिए जगह?

काफ़ी नहीं थी तृष्णा के लिए
उनींद, अधनींद, स्वप्न का दोष
तृष्णा से बचकर वह कहाँ रहेगी?

तृष्णा से बचकर
वह अपनी देह में रहेगी
कभी न उतरनेवाले
निन्यानबे के बुख़ार की तरह
पाप की ऐंठन की तरह

प्रेम में इच्छा थी
इच्छा में देह

देह जब नहीं बचेगी
इच्छा कहाँ रहेगी?

[1987]

नींद उसे आ जाती थी

नींद उसे आ जाती थी
प्रेम के बग़ैर
मृत्यु क्यों नहीं आती थी?

हो सकता है
मृत्यु आती हो
उसकी गहरी नींद में
धीरे-धीरे सूराख़ करती
उसकी आत्मा की माया में

हो सकता है
भोगती हो वह शब्दातीत कष्ट कोई
रहस्य जिसका खुलता हो
रात-दर-रात
नींद-दर-नींद
चोरी-छिपे उससे

सुबह जब जागती थी उसकी देह
घेरती थी जब उसे
नया दिन देखने की शर्म
एक छाया-सी
चली जाती थी उसके
सिरहाने से उठकर

वह कहाँ जानती थी
प्रेम नहीं रहता था जब
मृत्यु आती थी उसके पास
सबेरे
शाम।

[1987]

वह अपनी देह में लौट जाएगी

वह उसे पाप की तरह चाहेगी
वह उसे पुण्य की तरह चाहेगी

किसी अनजान जगह के
अनजान कमरे में
वह करेगी उससे प्रेम अपने ख़याल में

कि जैसे नींद में चलते-चलते
चली गई हो वहाँ
बेवजह, बिना बुलाए

कि जैसे सदियों से बैठी हो वह
अपने भीतर उस जगह
जहाँ रहते हैं दुस्स्वप्न
इच्छाओं के पागल होने के इन्तज़ार में

वह उसे चाहेगी
उस सपने की तरह

जिसे देखा हो उसने
हमेशा सिर्फ़ खुली आँखों से

कि जैसे वह कन्था हो
किसी बाँझ के रोने के लिए
जैसे चाहना कोई शाप हो
न रुकनेवाला विलाप हो
या आत्मप्रलाप—
वह उसे चाहेगी

जैसे चाहना सुख से बचना हो
और दुख से भी बचाव हो—
वह उसे चाहेगी

जैसे वह कोई
लाइलाज रोग हो,
जैसे कोई उतारे अपने होने पर से
अपशकुन का टोना

वह उसे चाहेगी
पाप की तरह
पुण्य की तरह
और अपनी देह में लौट जाएगी

गुम चोट की तरह।

[1987]

?

पहला-पहला प्रेम था
पहला-पहला दुख

बहुत सारी उनींद
और नींद की गोलियों के बीच

दोस्त पता नहीं कहाँ थे?

[1988]